웅덩이 속 미술관

웅덩이 속 미술관

초판 1쇄 발행 2024년 12월 5일

지은이 임영희
펴낸이 장길수
펴낸곳 지식과감성#
출판등록 제2012-000081호

교정 김나현
디자인 정윤솔
편집 정윤솔
검수 김지원, 이현
마케팅 김윤길, 정은혜

주소 서울시 금천구 벚꽃로298 대륭포스트타워6차 1212호
전화 070-4651-3730~4
팩스 070-4325-7006
이메일 ksbookup@naver.com
홈페이지 www.knsbookup.com

ISBN 979-11-392-2238-8(03810)
값 12,000원

- 이 책의 판권은 지은이에게 있습니다.
- 이 책 내용의 전부 또는 일부를 재사용하려면 반드시 지은이의 서면 동의를 받아야 합니다.
- 잘못된 책은 구입하신 곳에서 바꾸어 드립니다.

이 책은 경기도 경기문화재단 지원을 받아 발간되었습니다.

웅덩이 속 미술관

임영희 시집

시인의 말

시 한 편 짓는 일이나
집 한 채 짓는 일이 어디 만만한 일이더냐

시도 시 나름이고
집도 집 나름이겠다마는,

2024. 10. 양주골 오두막 주인 임영희

목차

시인의 말　　　　　　　　　　　5

1부

풍경	12
보도블록	14
기역자	16
술항아리가 호드기를 불고	17
발가락을 잘랐다	18
염장이의 자세	20
백합의 뜰	21
공손한 손	22
대추꽃 피우는 사람	24
북핵을 굴복시키는 방법	26
사표 쓰는 女子	28
지금 수평선은 동침 중이다	29
감자	30
즐거운 나비	32
엄마가 있었다	34
아버지의 房	36
파꽃	38

2부

양주역에서	40
불춤	42
클레멘타인	44
밤꽃	46
백합화	47
5월의 꽃밭에 수상한 바람이 불었다	48
웅덩이 속 미술관	50
로또팰리스	52
잔설	53
그리운 친정	54
허공의 집 한 채	56
봄은 헐렁헐렁 온다	58
능금 깎는 女子	60
흔들리는 사유	62
작별	63
어머니 무밭을 좀 보세요	64

3부

오래된 무늬	68
입맛	69
우리는 날마다 BMW를 탄다	70
해 돋는 정원을 읽다	72
유쾌한 그녀	74
옐로카드	75
잎사귀에 희망을 걸다	76
족보	78
황진이	79
덫	80
배추밭 연가	81
반짝반짝 라디오	82
사랑의 각도	84
기차가 3월역에 도착했다	86
푸른 혀	87
입춘	88

4부

바람은 꽃잎을 비질하네	90
핸드폰	92
사랑	94
기억 하나 지운다	95
무너진 봄날	96
덕정 장날	97
부녀회장 임부산	98
너를 사랑하고 나는 울었다	100
망초와 어머니	102
배후	103
오월의 스케치	104
밥 먹자는 말씀이 그리울 때	105
길 위에서	106
나는 버진이다	107

해설

母性的 스케치로 완성한 세상이라는 웅덩이 속 眞境
- 최한나 시인   108

1부

풍경

보도블록

기역자

술항아리가 호드기를 불고

발가락을 잘랐다

염장이의 자세

백합의 뜰

공손한 손

대추꽃 피우는 사람

북핵을 굴복시키는 방법

사표 쓰는 女子

지금 수평선은 동침 중이다

감자

즐거운 나비

엄마가 있었다

아버지의 房

파꽃

풍경

저 신비한 노을 속으로
천천히 걸어 들어가면
나도 물들어 녹아들 수 있을까
서쪽으로 난 계단을 오르면
힘겹게 山을 넘어가는
신열에 들뜬 늙은 아버지가
임종이 임박한 듯
가쁜 숨을 몰아쉬고 있다

고만고만한 어깨를 맞대고 있는
주택가를 가로질러 가면
언덕 위 미루나무가
까치둥지를 껴안은 채로
석양빛을 휘감고
한 점 화보로 걸려 있었다

눈 쌓인 능선을 따라
뼈대만 앙상한 나무 그림자가
해의 등 뒤로 길게 드러눕는다
퍽퍽한 삶의 애환에 절어
질퍽한 눈물이거나
흘러간 인연의 미련 같은 건

도무지 어울리지 않는
강물 같은 시간이 흘러가고
동지섣달의 매운바람이 분다

이루지 못한 사랑 때문에
풍경이 되지 못한 순간들이
삭막한 겨울날의 어둠 속으로
쓸쓸히 사라지고 있다

보도블록

당신 떠나고 나는 죽었다
다시는 꽃피지 않으리라
애당초 싹을 잘라야겠다고
꿈틀거리는 욕망을
보도블록으로 눌러 놓았다

죽은 듯 사는 동안
시간이라는 명약을 갉아먹고
얼어붙었던 심장에
더운 피가 돌기 시작했다
스멀스멀 애벌레가
당신에게 덴 상처를
핥고 기어가는 꿈을 꾸었다

후미진 그늘에서도
따뜻한 손을 뻗어
환하게 꽃피러 가는 길을
펼쳐 놓은 그대여
낡고 균열이 간
보도블록 틈새 길을 버리고
당당하게 꽃피고 싶다

이제 가슴 위 보도블록을
내려놓아도 되겠습니까

기역자

유아용 빈 수레가
낫 한 자루를
무디게 끌고 간다

허름한 生을
모두 소진한 후에야
문자를 해독한 여자

마침내 온몸으로
기역자를 썼다

술항아리가 호드기를 불고

어린 세월을 버무려 넣고
발효되면 어른이 될까 들여다보고
취하면 꽃이 될까 설레도 보고
심장을 베는 칼이 될까 와락 걱정도 되고

한밤중 달이 달을
가장 둥글게 만들고 있을 때
술항아리 속에서
푸르던 날 냇가에 앉아 불던
호드기를 누가 불고 있네
먼 곳에서 흘러온 산발한 여자가
뿌우 뿌우 호드기를 불며
맨발로 마을을 돌아다니네
생의 가장 푸르렀던
상처이거나 중심이거나 했네
골목마다 슈베르트의 숭어 떼들
자맥질하는 강물이 흐르고
수반의 수국 한 다발
싱싱하게 살아 일어서네

한세상 꽃이 되고 싶은 여자는
세포마다 솟는 파도를 헤치며
바람의 옷을 입고 동쪽으로 흘러가네

발가락을 잘랐다

쪽파를 한 움큼 뽑아
뭉텅 발가락을 잘랐다
흙 묻은 스타킹을 벗기니
하얀 종아리가
연하고 부드럽고
포동포동 손맛이 좋다

푸른 여자의 머리채를
한 움큼 잡아끌고
얼굴에 카악 가래침을 뱉으며
저주를 퍼붓던 큰어머니

연한 소금물에 닿아도
쪽파는 사르르 숨이 죽었다
억센 손아귀 안에서
파들파들 파랗게 질리던 여자

백합이 하얗게 웃던 날
용서는 가당치도 않다는 듯
고무신을 나란히 벗어 놓고
저수지로 걸어 들어간 큰어머니
휘어 버린 생의 중심을

뭉텅 잘라 낸 가여운 여자였다고
낙엽이 지고 난 후에야
큰어머니라는 나무를 읽는다

쪽파의 발가락을 잘랐다
큰어머니의 시앗처럼
반드럽고 하얀 종아리가
스타킹 속에서 눈이 부시다

염장이의 자세

염장이가 아버지의 두 손을 묶자
알았다는 듯 얼른 가슴 위에
얌전히 올려놓는 아버지
모든 걸 체념한 아버지는
눈을 감고 입을 꾹 다물었다
밀가루 반죽처럼 고분고분한 아버지

어린 시절 고향 집 안방에서
죽은 할머니의 염습을 훔쳐보았다
자격증도 없는 당숙부가
조심스럽게 할머니의 수의를 입혔다
움푹 들어간 눈두덩과
딱 벌린 입이 생경스럽던 할머니

염장이는 익숙한 손놀림으로
아버지의 몸을 닦았다
소독솜은 역겨운 냄새를 지워 냈다
염장이가 아버지의 팔을
승리자처럼 치켜올리는 순간
뼈와 거죽 사이의 살점이 싹 사라졌다

숙련된 염장이는 공손했고
아버지는 순순히 몸을 맡겼다

백합의 뜰

봄바람의 등에 실려 온
떠도는 소문의 진원지는
항상
귀가 자라지 않는
오만한 꽃밭이었다
백합의 입속에서
여섯 개의 혀가
더는 못 참겠다는 듯
판도라 상자를 풀었다
너덜거리는 소문을 부풀려
뜰 가득
추측성 보도가 난무한 것도
바람이 불었기 때문이리라
요란한 분 냄새를 풍기며
백합의 혀끝에서
은밀하고 달콤한 음모가
독버섯처럼 자라고 있다

공손한 손

동짓달 짧은 해가 저물면
상가 앞으로 소방도로가 길게 눕고
노상 주차장이 굴비 두름처럼 엮인다

쉬지 않고 달려온 말(車)의 행렬이
달콤한 휴식을 즐기는 동안
동짓달 밤 키가 쑥쑥 자라고
두 발로 서 있는 개의 뒷모습이
종종 목격되곤 했다
귀가를 서두르는 사람들은
물고기처럼 어둠 속을 휘저으며
웅크리고 걸어갔다

졸고 있는 가로등 그림자 위로
지자체장의 이름표를 달고
폐기 처분 된 몇 개의 몸뚱이가
온기를 보태려는 듯 포개져 누웠다
낙엽 몇 장을 데리고 와
휘파람을 불던 바람이
다시 낙엽을 데리고 떠났다
화랑의 말발굽 소리가
아슴아슴 들려와도 좋을 밤이다

그러나 밤의 정적을 깨는 출처는
여지없이 개의 입(口)이었다

두 발로 걷는 개가 비틀거리며
중얼중얼 은밀한 장소를 물색 중인데
바지 지퍼 위 가지런하게
포갠 두 손이 가없이 공손하다

대추꽃 피우는 사람

봄 되면
그때까지 살 수 있다면
마당가에
대추나무 한 그루 심겠다더니

날씨 한번 환장하게 찬란한 봄날
하느님은 대추씨만 한
소망도 외면한 채
가여운 그 사람 영안실에 가두고
질펀하게 신명 나는 굿판을 벌였네

병들고 묵은 生을 거둔 자리에
새 生을 심는 일
아무도 거역할 수 없었네
져 버린 산 벚꽃 흩날리던 날
공원묘지 房 한 칸에
문패를 달아 주었네
다 그만그만해서 다행이라고
죽어서나 기죽지 말라고
가만히 일렀네

빈 마당을 볼 때마다 목이 메어서

대추나무 한 그루를 내가 심었네
몸 가시 세우고 단꿈 꾸는 봄날
게으름도 유분수지 요지부동 잠잠
조바심을 한동안 하고 나서야
싹이 돋고 무성하게 꽃을 피웠네

아, 당신 꽃 피웠나요?

북핵을 굴복시키는 방법

북에서 쏘아 올린 미사일을 두고
의견이 엇갈리는 동안
美·日에서 탄도 미사일이라고
분석한 자료가 타전되었다
당국의 늦장 대응에
비난의 여론이 들끓고
여전히 분석 중이라는
입장을 내자 부드러움은 강한 걸
이긴다는 기치를 내걸고
자목련 부대가 나섰다 이 발사체는
허공으로 쏘아 올리는 순간
하늘하늘 춤사위가
치명적인 아름다움으로
정신이 혼미해진다고 한다
그윽한 향기는 만 리를 뒤덮고
적을 단숨에 제압하여
넋을 쏙 빼놓는다는 것이다

자목련이 조준 태세를 마쳤다
꽃등을 밝힐 무공해 심지가
장착된 미사일 주변에
긴박한 전운이 감돌고 있다

황사 먼지와 코로나19의 경고에도
상춘객들이 쏟아져 나와
꽃그늘 밑으로
구름처럼 모여들고 있다

사표 쓰는 女子

우물가에서 숭늉을 찾던 그가
산세 좋고 풍광 좋은 불곡산 중턱
고만고만한 단독주택에
거처를 마련하고 문패를 달았다

입주 10주년 방문 기념으로
숨넘어간 카네이션 뽑아 낸 자리에
소국 한 아름 새로 심는다
한 줄기 청량한 바람이 불고
뻐꾸기가 흥겹다는 듯
뻐꾹뻐꾹 장단을 맞추고
너울너울 나비도 날아들었다

함께 둥지 틀어 동거할 때도
하늘이라 착각하고 살던 남자는
언제나 저만치 앞장을 섰다
이만큼 뒤처진 힘겨운 내게
빨리 따라오라고 핏대 세우며
큰소리 탕탕 치며 폼나게 살았다

이젠 어림없다고 씨알도 안 먹힌다고
고분고분 순종하는 여자 만나서
그 여자의 하늘로 살라고 했다

지금 수평선은 동침 중이다

저문 하늘과 바다가
가슴과 가슴을 포갰다

귀항하는 만선의 고깃배가
폭죽을 쏘아 올리고
뱃고동을 장음으로 뽑는다

갈매기가 날개를 접고
노을이 한껏 심지를 돋웠다
후끈 달아오른 정사가
클라이맥스로 치닫는다

거친 호흡을 내뱉으며
질편한 오르가즘의 절벽을
가슴 벅차게 오르는 중이다

감자

으라차차
두엄 옆에서 한 여자가
지구를 가뿐하게 들어 올리고
두 손의 흙을 탁탁 털어 냅니다
여전히 아랫도리는
땅속에 묻어 둔 채로요

눅신한 봄날
썩은 감자 한 바가지 버려둔 자리에
꽃 한 자리 너끈히 피워 낸 그녀
시집살이 고되면 편지 쓴다고
모질게 까막눈을 만들어
어머니를 키웠다는 외할머니는
어머니가 기역 니은을 익혀
편지질도 했다는 걸 모르셨나요
끼니 사정이 절박한데도
행여 자식들 눈 뜬 봉사 될세라
늘 저것들 눈이나 밝혀 주는 게
유일한 소망이었던 어머니
나도 저승에 가면 꽃 한 자리
이승으로 밀어 올릴 수 있을까요

속절없이 내가 부끄러웠다가
가여운 어머니가 그리워져서
닭똥 같은 눈물방울 후드득 떨구다가
닭똥 거름 한 삽 푸욱 떠서
그녀의 밥상머리에 묻어 주었습니다
어여 힘내서 새끼들 튼실하게 품어
그것들 눈이라도 밝혀서
환한 세상 살 수 있도록 해야지요

즐거운 나비

　만일 십 년쯤 비가 오지 않는다면 물은 몹시 목이 마르고 우리는 내일이 타들어 갑니다 바닥을 드러낸 한강에는 물고기가 사람 대신 살고 있지요

　식사 대신 알약에 목소리만 바른 구호품이 바다 건너 도착했어요 그건 물이 아니에요 한 모금의 물을 사려고 빗장 풀린 금덩어리와 돈다발들이 거리에 굴러 다녀요 화들짝 놀란 정부는 생각을 놓아 버리고 목마른 사람들은 사막으로 오아시스를 만나러 갑니다

　먼지만 풀풀 날아다니고
　시름시름 죽어 가는 도시에
　나비가 사라졌어요

　하릴없이 하늘만 올려다보는데
　구름 학계에서 발칙한 낭보가 빵 터져 나옵니다

　일기(日氣)를 자유롭게 조종할 수 있는 연구 결과를 가지고 금일 저녁 8시에 긴급 기자 회견을 한다고 합니다. 이 역사적인 장면에 세계가 또 한 번 우리나라를 주목할 것입니다

아나운서의 울먹이는 목소리가 흘러나오고
사람들은 금은보화를 줍기 위하여 거리로 쏟아져 나옵니다

사람들은 다시 생각을 찾기 시작하고
나비가 날아다닙니다

엄마가 있었다

1
 우리는 지상으로 사다리를 놓고 싶었다 환한 세상으로 걸어 나가고 싶었던 언니, 동생의 앞길에 등불을 걸고 싶었던 여자, 엄마의 어깨에서 하산하고 싶었던 그녀는 상아탑으로 가는 날개를 접고 미용사가 되었다 그녀는 비가 내리는 날의 노란 우산을 좋아했다 노란 우산이 없었다

2
 슬그머니 곰팡이가 얼룩덜룩 꽃을 피웠다 어둡고 눅눅한 지하 셋방에서도 엄마는 냉면 반죽을 밀었다 홍두깨로 반죽을 밀면 신기하게도 안반을 덮을 만큼 나팔꽃 같은 소망이 뻗어 나갔다 엄마는 시장 바닥에서 냉면을 팔면서도 시도 때도 없이 나팔꽃처럼 환하게 웃었다 나팔꽃이 없었다

3
 몇 번의 여름철 무더위가 도둑처럼 담을 넘었다 한겨울 깊은 밤 찹쌀떡 장수가 길게 목청을 뽑으며 골목을 지나갔다 엄마는 찰랑찰랑 냉면 그릇 속에 해를 만들어 넣었다 언니와 나는 사다리의 키를 재며 남은 눈금을 가늠해 보았다 내일이면 사다리가 지상에 닿을 것이다 사다리가 없었다

4

  언니가 적금을 탈 것이다 간호대학을 다니는 내가 실습을 나갈 것이고 엄마가 작은 가게를 얻기로 했다 엄마는 내일도 쫄깃한 냉면 사리를 헹굴 것이다 살얼음 동동 뜨는 동치미 국물에 삶은 달걀 한 조각 올려놓으면 곰팡이 꽃도 숨죽이는 힘찬 해가 두둥실 솟구쳐 오를 것이다 엄마가 있었다

아버지의 房

휭하니
하늘 한 귀퉁이 베어 내 지붕을 엮은,
雜木 울타리에
門마저 없는
둥그렇게 부풀어 오른
아버지의 외딴 房

당신이
좋아하시던 약주 한잔 올려도
물끄러미 자식들만 올려다보시는
바람의 떨림마저
잠재운 적요 아버지
나그네라도 쉬어 가라고
門조차 거부하셨을까 아버지

언제나 당신 앞에 서면
부끄러움투성이인 자식을
오히려
一家를 이루고 사는 게
대견스럽다는 아버지

생살 점점 저미는 설움에

배웅을 서두르셔도
돌아서면 가만히
뒷덜미를 당기시는 아 아버지

파꽃

 우주의 중심에는 늘 꽃이 피었고 과년한 딸을 둔 부모들은 안달이 났다

 풀죽은 모습으로 봄꽃을 바라보던 딸들이 오늘은 둥근 보따리를 하나씩 머리에 이고 나와 나도 꽃 핀다고 소리쳤다

 주위의 비웃음에도 보란 듯 보따리를 풀어놓자 건장한 사내들이 우르르 몰려들었다

 잉잉잉

 나른한 봄날 종일 파밭에서 질펀한 신음이 흘러나왔다

2부

양주역에서
불춤
클레멘타인
밤꽃
백합화
5월의 꽃밭에 수상한 바람이 불었다
웅덩이 속 미술관
로또팰리스
잔설
그리운 친정
허공의 집 한 채
봄은 헐렁헐렁 온다
능금 깎는 女子
흔들리는 사유
작별
어머니 무밭을 좀 보세요

양주역에서

주소를 챙겨 모두 떠난
11월의 빈 도시 개발 현장에
비듬 같은 싸락눈이
조금씩 옛길을 지우고 있다
사람들은 펄럭이는 깃발을 꽂고
땅 금을 긋고
자신의 이름표를 붙이고 있다
초겨울의 생경한 도시는
묵은 숙원 사업을 완성한다고
날마다 신도시를 들먹이고 있다
길 건너 재래시장 입구 입간판이
낡은 시간을 애인처럼 껴안고 돈다
떡 가게 여자가 정물인 양 앉아
익숙하게 떡을 썰고 자리를 털자
저무는 해가 기우뚱한다

남루한 중년 여자가 흘러와
예수 믿고 천당 가라고
중얼거리며 흘러갔다
무료해진 역무원이
유리창 밖으로 시선을 꽂는 사이
꿈꾸는 사람들은

황급히 출입구를 빠져나가고
온기가 그리운 사람들은
유유히 집으로 돌아갔다
견고한 뿌리를 박지 못하고
잎만 무성한 흔들리는 나무는
양주 땅 신도시에 말뚝을 박는다
아내의 밥상이 그리운 나무도
아직은 당당한 가장이라고
서둘러 출입구를 빠져나가서
휘파람 불며 서울로 갔다

숲과 새와 별이 떠난 자리에
따뜻한 불빛이 그리운 사람들이
말뚝을 박고 도장을 찍고
새 이름표를 달고 있다

불춤

어머니는 끼니때마다
불쏘시개도 마뜩잖은 청솔가지를
고래구녁*에 밀어 넣었다
타다닥
생나무가 불똥을 튕기며
최후의 외마디 비명을 내질렀다
미처 굴뚝으로
빠져나가지 못한 연기가
안개처럼 어머니를 에워쌌다
시뻘건 혓바닥을 날름거리며
어머니를 집어삼킬 듯
현란한 불춤을 추던 고래구녁

닳고 해져 삐걱이는 관절로
거칠게 현을 뜯어
가랑잎 밟는 소리와
솔바람 소리를 내던 어머니

안개 자욱한 날이면
저기 어디쯤 쭈그려 앉아
불씨를 일굴 것 같은 어머니가
행주 치맛자락으로 눈물 콧물

찍어 내며 훌쩍이고 있다

어머니의 부엌에는
이山 저山 다 잡아먹고도
아가리 딱 벌리고 있는
검은 짐승이 살고 있다

---
* '아궁이'의 방언 (충청)

클레멘타인

아버지 창틀이 틀어졌어요
틀어진 틈새로
창밖 계절의 별미를 음미하는데
느닷없이 황소바람이 밀고 들어와요

문풍지를 발라요 아버지
겨울 밖 세상의 호기심은
꼭꼭 눌러 둘래요

틈새라고 방심하는 사이
적들은 아버지의 중소기업을
야금야금 밀고 들어와
삼켜 버릴 거예요
도둑이 들끓는 세상이니까
도끼를 믿지 말아요

오래된 창고 어딘가에
틈이 더 벌어졌나 봐요
개미나 드나들던 곳인데
쥐새끼가 겨울 양식을 훔쳐 먹어요
쥐새끼를 넘어 도둑고양이가
종내는 이리 떼가

드나들지도 몰라요 아버지

낡은 것들은 결국 균열이 가고
누수가 차요 아버지

빨간 립스틱을 바르고
살랑살랑 흔드는
여우의 꼬리를 조심하세요 아버지

밤꽃

해마다 이맘때면 어김없이 발정 난 그 女子는 건장한 사내를 끌어들여 푸지게 정사를 한다

저것 봐
푸르디푸른 시트 위에 비릿한 꽃을 피워 머리가 지끈거리는

그 女子

알토란 같은 자식들을 오지게 길러 내는

백합화

  매일 늦는다고 골이 난 아내가 입술을 앙다문 채 뾰로통하다

  퇴근 무렵

  오늘 아침 눈길도 주지 않고 쌩하니 찬바람 일던 아내 생각이 났다 한잔하자는 동료를 뿌리치고 서둘러 걸음을 재촉했다 대문을 밀고 들어서니 분단장한 아내가 달려 나와 활짝 웃는다

  마당이 환하게 핀다

5월의 꽃밭에 수상한 바람이 불었다

 아카시아 향기가 마을로 밀려오던 밤에 바람난 언니가 검지를 내 입술에 대자 철커덕 빗장이 걸렸다
 쉿
 부모님 말씀 잘 듣고 동생들을 부탁한다던 언니
 내 손을 잡고 눈물 그렁그렁하던 언니가 사라졌다

 어깻죽지를 펄럭이던 작약의 입술에도 붉은 기운이 돌았다
 저것도 바람이 든 게야
 겹겹이 싸맨 동그란 입술이 벌어졌다

 칠성이발관 아들과 언니 사이에 연애편지가 핑퐁처럼 오갔다 불투명한 여자의 미래는 불안하게 흔들렸다 바람 잔뜩 든 풍선처럼 둥둥 떠다니던 언니

 복사꽃 치맛자락 걷어 낸 자리마다 새끼가 어미의 가슴을 빨고 분 냄새 풍기는 작약의 유혹에 사내들이 들끓었다 한낮의 낯 뜨거운 수작에 불두화가 불쑥불쑥 주먹질을 했다

 유월이 옷고름을 풀자 서둘러 가게 문을 닫는 작약을 보고 불두화의 콧노래가 터져 나왔다

아 아 잘코사니다

느실난실 연기 피는 굴뚝에
살랑살랑 부채질을 해 대는 농익은 봄바람

웅덩이 속 미술관

소요산에서 수행 중인
원효대사를 만나러 간다
고즈넉한 숲속 오솔길 아래
졸졸졸 흐르는 계곡물이
낭떠러지를 만나 내리꽂히면
둥글게 웅덩이가 태어났다

다람쥐가 들락날락 목도 축이고
유유히 물고기가 한가롭다
바람도 잠잠한 맑은 날에는
어김없이 푸른 하늘이 내려와
웅덩이 속에 몸을 담그고
태양과 나무와 구름을 불러들여
적당히 어우러져 그림을 완성한다
이따금 관람객들이 다가와
웅덩이 속 그림 위에
제 얼굴을 올려놓고
요리조리 들여다보다가
다시 건져 목에 달고 돌아갔다

느닷없이 바람이 원을 그리면
웅덩이 속 풍경화 한 폭은

산산이 부서져 흩어졌다가
다시 제자리를 찾곤 했다

한 줄기 바람의 등에 업혀 온
법당의 목탁 소리와
웅얼웅얼 경문 읽는 소리가 어우러져
웅덩이 속으로 스며들고 있다

로또팰리스

 오를 수 없는 나무를 자꾸 올려다봤더니 나무가 손을 내밀었다 대학가에서는 종내 상처만 입고 버려질 거라며 석 달을 가면 내 손에 장을 지져 끌끌 혀를 찼다 지쳐라 반드시 하룻밤의 사랑이라도 결코 후회는 하지 않아 꼭꼭 눌러 다짐했다

 솟을대문 안의 도련님과 근본도 모르는 고아원 출신의 여자는 신분의 간극이 하도 커서 신파라고 참새들은 날마다 입방아를 찧었다 어울리는 짝이 그의 집 모토였으며 우리들의 모토는 절대 사랑이었다 몰래 하는 사랑은 짜릿했지만 쉽게 실체가 드러났다 안개가 걷히니 우리들의 애정 행각이 살얼음판 위에 놓여 있었다 견고한 사랑이라 두려움은 없었다

 그가 비행기보다 빠른 날개 달린 낙타를 데리고 왔다
 내일 우리는 사막으로 간다고 말했다 오아시스를 매입해 두었으니 우리들의 항해는 순풍에 돛을 단 거라고 달콤하게 속삭였다

 아이를 셋쯤 낳아 돌아올 생각이다 손가락에 장 지진다고 장담하던 입들을 모조리 쓰레기통에 쓸어 담는 유쾌한 밤이다 오늘은 푹 자 두라고 그가 일렀으나 잠이 올 것 같지 않다

잔설

아직 남았다 비워 내지 못한
우리들의 슬픈 얼굴이
아슬아슬한 야윈 끈 한 자락
움켜쥔 손끝이 시리다 오늘도
밤잠 설치는 희미한 음영을 안고
갈대의 마른기침을 듣는다 우우
바람으로 찾아온 그대의
울음소리를 듣는다 그대
앉았던 자리 언뜻언뜻 보인다
내 눈물도 채 마르지 않았고
내 목덜미에 묻어 있는
그대의 뜨거운 숨결도 아직
식지 않았다 우리들의 지난 흔적이
저렇게 듬성듬성 남아 있는데
저 앙상한 뼈마디에
새순이 돋기 전 그 흔적
사라지기 전 남아 있는 불씨에
서둘러 사랑을 지필 때

그리운 친정

불현듯 그리운 친정에 간다
모퉁이를 돌아
꼬불꼬불 산길을 가볍게 오른다
어머니가 보냈는지 송장메뚜기가
후다닥 뛰어가 앞장을 서고
이곳은 두루 평안하다며
산새 몇 마리가 목례를 한다
우거진 나무숲 사이로
하늘이 말간 얼굴을 하고
비에 씻긴 묏등 마을은
묵은 빚을 청산한 듯 개운하다
절은 무슨 하시는 아버지 곁에
어느새 매무시 매만지며
김 서방도 잘 있냐며
사위의 안부를 잊지 않는 어머니
아직도 그의 부재는 낯설고 쓸쓸하다
평소와 다름없이 술상을 차려 내도
물끄러미 딸의 눈치만 살피시는 어머니
아버지는 애꿎게 헛기침만 하시고
모녀는 북받치는 울음만 삼키다가
또 올 거라며
주섬주섬 보따리를 챙기는데

그제야 방울방울 눈물 떨구는 어머니
나는 재빨리 우산을 펼치고
설움 한 자락 꼭꼭 여미며 돌아섰다

허공의 집 한 채

백합나무가 한세상을 품고 있다
손바닥으로 하늘을 가리고
팔을 뻗어 허공에 금을 긋고
떡하니 제 문패를 달아 놓는다

봄날 하늘하늘 꽃 한번 피워 내더니
무엄하게도 국가를 세우고 통치를 한다
요직에 발탁된 멋쟁이 붉은 머리
오목눈이와 곤줄박이와 박새가
고개를 까닥까닥 취임사를 하고 갔다

산비둘기 한 쌍이 둥지 가득
보란 듯이 자식을 낳아 길렀다
여름 내내 목청을 돋우던 매미들은
푸른 손바닥 행간마다
시원한 바다 한 자락 펼쳐 놓기도 했다

폭우와 태풍이 발톱을 세우면
지붕 없는 둥지에 긴장감이 감돌았다
지아비의 귀가를 기다리며
새끼들을 감싸 안은 어미가
좁은 등으로 비바람을 받아 내고 있다

등불 하나 밝히지 못하면서도
어머니는 온몸으로 군불을 지펴
허공의 둥지를 덥히고 있다

봄은 헐렁헐렁 온다

1
동지섣달을 건너
정이월을 지나온 기차가
3월의 역에 도착했다
출입구를 빠져나오는 손님들은
꽃망울을 머리에 꽂거나
헐렁한 모자를 벗는 중이다

해묵은 마늘박스가 있는
베란다 구석이 들썩인다
고향이 그리운 이국 소녀들이
길고 푸른 혀를 빼물었다
헐렁한 옷가지를 걸친 채
탈출을 꿈꾸고 있는 중이다

2
웅크렸던 경로당에도 봄이다
꽃밭을 갈아엎는 손길은 굼떴으나
동양화를 읽는 눈에선 불꽃이 튄다
브래지어를 걷어 낸 자리에
개의 혓바닥같이 늘어진
요란한 꽃무늬 셔츠 한 장

헐렁한 거죽인 양 달라붙었다

꽃피우던 푸른 시절 한때
누군가의 거룩했던 저 곳간들이
바람 빠진 풍선마냥
헐렁헐렁 쓸쓸하고 적막하다

능금 깎는 女子

창밖엔 초겨울의 맵싸한 밤바람이 붑니다
나는 익숙한 손놀림으로 초야를 준비합니다
사냥감을 눈앞에 둔
발정 난 수캐처럼 구미가 당깁니다
아무도 모르라고 빗장도 꼭꼭 여밉니다
당신, 경상도 男子답게
늠름한 모습으로 묵묵히 앉아 있군요
오오 눈부신 나의 애인이여
아직은 홍안인 당신, 아 동정이겠군요
그래도 당신을 놓아줄 마음은 없습니다
내가 선택했고
몸값은 이미 치렀으므로
적당히 술에 취한
당신의 얼굴은 고혹적이고
나는 예리한 메스를 가해
당신의 옷을 벗기려 합니다
나의 섬섬옥수가 가늘게 떨립니다
당신도 파르르 떨고 있군요
오오 단물이 흐르는
당신의 알몸에 숨이 막힙니다
사내에 걸신들린 女子처럼 당신을 탐하지만
이내 허탈감에 주저앉고 맙니다

고향에 두고 온
어여쁜 소녀 곁으로 돌아간다던 당신
심장 깊숙이 정표인 양
나비 한 쌍을 화인처럼 찍어 놓았군요
창밖엔 여전히
당신의 한숨처럼 맵싸한 밤바람이 붑니다

흔들리는 사유

 셔츠 깃에 묻혀 온 당신의 얼룩을 지운다 출렁출렁 범람하는 연민의 바다에 돛단배 한 척 띄워 행복의 나라로 항해를 시도한다

 안다 당신도 알고 나도 안다
 내일도 당신은 생존 경쟁의 깃발 나부끼는 치열한 대열에 방목되고 나는 무인도에 방치된다는 걸

 아 자지러지게 반복되는 삶의 고단함이여
 눈을 뜨면 팽그르르 맴도는 흔들리는 사유

 한 줌의 바람이거나
 한 톨의 햇살이거나
 구르는 돌멩이 하나
 풀 한 포기마저도 가슴 시리게 아름다운 서글픈 관조

 소박한 식탁에 마주 앉아서 술 한 잔 가득 따르고 나도 잔을 내밀면 당신은 허물벗기를 꿈꾸고 나는 일등 항해사를 꿈꾼다
 날마다 살아 있다는
 살아남는다는 어설픈 몸짓으로

작별

환한 등불을 들고 온 목련이
한동안 울고 난 후

한 장

두 장

눈물 콧물 찍어 낸 손수건을
툭툭 던져 놓고 떠났다

어머니 무밭을 좀 보세요

두더지처럼 땅을 파며
한 生을 보낸 어머니는
아버지를 사랑하셨을까

어설픈 먹물이 든 아버지는
늘 뜬구름 잡는 바람이었다
부드럽게 휘감는 미풍이거나
할퀴고 부수는 태풍이거나
한곳에 머물 수 없었던 아버지

장대비를 맞으며
논배미에 물줄기를 만들고
밭이랑에 엎드려
등으로 뙤약볕을
고스란히 받아 내던 어머니

어머니 무밭을 좀 보세요
세상 근심 없이
두 팔을 번쩍 치켜들고
노래나 부르자네요
잔뜩 바람 든 아버지처럼
단풍 구경이나 가자네요

주렁주렁 자식들을 안겨
어머니의 生을
두더지로 만들어 버린 아버지는
알고 계셨을까요
낡고 닳아 손가락무늬를 잃고
낙엽인 양 바스락대던
그 가여운 손을요

3부

오래된 무늬
입맛
우리는 날마다 BMW를 탄다
해 돋는 정원을 읽다
유쾌한 그녀
옐로카드
잎사귀에 희망을 걸다
족보
황진이
덫
배추밭 연가
반짝반짝 라디오
사랑의 각도
기차가 3월역에 도착했다
푸른 혀
입춘

오래된 무늬

 한 생을 달려온 늙은 폐타이어가 공터에 널브러져 있다 더는 달릴 수 없다는 사망 진단서를 발급받은 여자의 장례식은 가을날 부치지 못한 편지처럼 공허하고 쓸쓸하리라

 지난여름 그녀가 삭정이처럼 주저앉았다 의사가 다음 생을 준비하라고 일렀다 그제야 아들과 딸과 며느리와 사위가 병실을 드나들었다
 태양과 바다를 건너고 태풍의 산을 넘어온 대추가 달달한 맛이 들어갈 즈음 생기를 찾은 그녀가 가족들에게 둘러싸여 박꽃처럼 웃는다
 죽어 가는 것들은 고독의 강을 건널 수 없었기 때문인지도 몰라

 공터의 늙은 폐타이어도 둥글게 앉아 한 아름의 소국을 안아 키우고 있다

입맛

신안 앞바다 갯벌의 농게는
빨간 바지를 폼나게 차려입고
하늘 높이 긴 다리를 쭉 뻗어
미끈한 곡선미를 자랑한다
집게발을 쩍쩍 벌린 채
끝없이 펼쳐진 뻘밭을 내달리는
농게는 바다의 돌격 대장이다
우중충한 굴집에서 나와
바닷가 산책을 하며
먹잇감을 찾아 나섰다가
인기척에 놀라 후다닥 달아나도
갯마을 게잡이 아낙들의
날쌘 손아귀를 벗어나지 못한다
감칠맛에 구미가 확 당긴다는
농게의 등딱지를 떼어 내고
짭조름한 내장 한 젓가락
듬뿍 집어 밥숟가락에 올렸다
그 순간 멀리 도망갔던 입맛이
서둘러 돌아와 입안 가득
바다 향 상큼한 군침이 돌았다

우리는 날마다 BMW를 탄다

7호선 도봉산 환승역에 내리면
승객들은 단거리 육상선수가 된다
만약 양주행 전철을 놓치면
장장 30분을 견뎌야 한다
어리둥절 영문도 모르면서
모두가 달리니 덩달아 달린다

양주역 멈춤 신호등 앞에서
80번 옥정행 버스가 보이면
굶주린 맹수처럼
백 미터 육상선수처럼 또 달려야
편안한 좌석에 앉을 수 있다

버스가 불빛 환한 집 앞에 섰다
보글보글 된장찌개 끓여 놓고
다정한 아내가 기다리는 동안
나는 또 달려서 집으로 간다

도봉산역에서 전철을 바꿔 타고
양주역에서 80번 버스를 갈아타고
숨이 턱에 닿도록 달리고 또 달리는
역동적인 양주여

양주시민이여
우리는 날마다 BMW*를 탄다

---

* B(Bus) M(Metro) W(Working)

해 돋는 정원을 읽다

간혹 말쑥한 청설모가
나무를 오르내리며
나비 떼와 새 떼들도 떠다니는
이 작은 언덕을 정원이라고 읽는다

동향인데 괜찮겠어요 묻던
부동산 젊은 여자를 따라왔을 때
창 너머 황홀한 풍치에
눈이 화등잔만 해져서
냉큼 도장을 찍었다 꽃을
피우지 못하는 베란다는
서늘한 그늘을 만들어 여름나기가
수월하다 이따금 하늘이 내려와
거닐던 키 작은 동산 위로
붉은 섬이 불쑥 솟구쳐 오르고
소풍을 즐기는 꿩 한 쌍이 잠깐씩
다정하기도 했다 늙은 들고양이가
두 눈에 낮잠을 담는 봄날엔
꽃뱀을 조심하세요 라는 문구가
엘리베이터 안에 훈장인 양
떡하니 나붙기도 했다 스산한
바람이 불면 사랑의 근원이

고독인 줄 모르는 사람들은
코트 깃을 세우고 애인을 만나러
간다고 적힌 엽서가 우수수
흩뿌려지는 갈대숲은 포근하다

겨우살이 준비를 하던
다람쥐가 미끄러지듯
굴참나무 등 뒤로 숨어들고
내일이면 살집 좋은 함박눈이
가만히 오셔서 펄럭이는 이름들을
하얗게 지워 놓고 딴청이겠다
아무 일도 없었다는 듯

유쾌한 그녀

오랜만에 만난 친구와
맛집에서 저녁 식사를 했다
해물을 다 건져 먹은 후
직원이 밥을 볶아 주었다
아 너무 짜요
이렇게 짠 걸 어떻게 먹나요
나는 함부로 짜증을 냈다
죄인처럼 쩔쩔매는 직원에게
명의처럼 재빠르게
처방전을 내놓은 그녀
밥 한 그릇 섞어 주면
얼추 간이 맞을 거라며
여유 있게 미소를 짓는다
그녀의 우아한 품격이
한껏 돋보이는 순간이었다

옐로카드

경고장을 한 보따리 이고
늙은 은행나무가 한적한 도로에
시선을 박은 채 졸고 있다

휘리릭

회오리바람 한 자락이
은행나무의 따귀를

찰싹

갈기는 찰나
경고 한 장이 팔랑팔랑 날아가
횡단보도를 내달리던
빨간 벤츠의 이마에 딱 붙었다

거침없이 가속도가 붙은
진갈색 선글라스의 여자에게도
마침내 제동이 걸리고 있었다

잎사귀에 희망을 걸다

싹수가 노랗다고
별 볼 일 없을 거라고
한 치 앞을 어림할 수 없을 만큼
눈이 침침했던 할머니
이렇게 성형술이 발달하거나
싸가지가 별 볼 일 없는
시대가 오리라는 걸 몰랐던 할머니

거룩한 뜻을 품고
경찰에 입문한 오빠는
어깨에 무궁화 잎사귀를 붙이며
반짝이는 별을 꿈꿨다
무서리 내리는 쌀쌀한 늦가을
문풍지를 바르던 어머니는
창호지 속에 국화꽃잎이나
은행잎 따위를 붙이며
식구들의 겨울나기를 꿈꿨다
누군가는 네잎클로버를
책갈피에 꽂으며 행운을 꿈꾸고
연애편지에 단풍잎을 끼우며
사랑을 키우기도 했다

떡잎을 보며 싹수가 노랗다고
모질게 매질한 어머니가
비명 한마디 없는 딸의 종아리에
연고를 발라 주며 숨죽여 울었다

문살에 국화꽃 잎사귀를 붙이며
유리 조각을 놓아 문밖도 내다보며
오늘은 내가 울컥 목이 메었다

족보

뒤로 나자빠진 아름드리 고목을
땔감이나 하자고 잘랐다
천수를 누렸으니 호상일 터였다
대대로 새들의 집 임대 사업을
천직으로 살아온 나무는
불립문자의 족보를 안고 있다
공실은 한 채도 없을 만큼
견고한 집을 지어 고객들의
신뢰와 사랑을 받았다
한겨울 허공의 한파는 혹독했다
밤새 쌓인 폭설에 갇혀
도란도란 새끼들 교육이며
배 채울 양식거리도 의논했다
달빛 군불이 사그라지면
몸과 몸을 포개어
언 몸을 덥히며 한겨울을 견뎠다
때로는 태풍에 질려 우는 것들
토닥이느라 밤잠 설치며
굽이굽이 고비도 건넜을 것이다

타다닥 단말마의 비명을 지르며
한 생이 환한 불꽃을 피워 올렸다

황진이

나 이래 봬도 소싯적엔
위풍당당한 주인의 총애를
한 몸에 받았던지라
늘 고관대작들이 와글거렸고
침모와 유모와
하인들이 북적거렸으며
내로라하는 장안의 한량들이
문전성시를 이루던 그 한때
부귀와 영화는
한낱 풀잎에 달린
이슬방울임을 깨달았을 땐
이미 다 떠나고
병들고 녹슬어
위상만 덩그러니 남아
미세한 진동에도 균열이 일고
사소한 독설에도 누수가 차는

덫

 후박나무 아래 음식 찌꺼기를 묻었다 눈치 빠른 서생원이 찾아와 파리 떼를 불러 모았다

 손님이 시장한 게야
 얼른 약국으로 달려갔다 손님 접대용으로 최고라는 약사의 말대로 때깔도 예쁜 쌀을 사서 한 접시 공손하게 올렸다

 시장했는지 손님은 접시를 싹 비워 냈다 혹시 양이 적은가 싶어 한 접시 더 담아 주었다

 맛있게 드세요

 다음 날 몇 번씩 들여다봐도 접시엔 손도 안 댄 채 파리 떼를 데리고 사라졌다 평온을 되찾은 후박나무 주변은 예전처럼 맑고 평온하다

배추밭 연가

햇볕과 달빛을 끌어다 덮고
밤이슬로 목을 축이는 생명들은
자신의 집을 짓지 않는다

사지를 벌린 채
날개를 동경하던 계집애들이
가슴 더운 사내 다녀갔는지
둥글게 웅크리고 앉아 울었다
읽어 낸 책갈피 넘기듯
차곡차곡 두께를 더해 가는
여자는 이미 포란 중이다
바람 한 점 허락하지 않는
틈새를 메우는 중이다

무서리 내려 옷깃 여미며
귀가를 서두르는 계절

우람한 팔뚝의 건장한 인부가
만삭의 임산부를 한 아름씩 안아
트럭에 싣고 떠난 자리에
빛바랜 쓰개치마가 널브러져 있다

반짝반짝 라디오

반짝반짝 김 氏의 금성 라디오
쌀을 두 가마니나 주고 사
마누라의 노여움을 사기도 했다

씨앗골이 반짝이던 적 있었다
김氏의 라디오는
세상과 소통하는 유일한 길이라
이장의 위상을 가볍게 뛰어넘었다
신문을 읽을 줄 모르는
김 氏의 논리가
제법 명쾌하게 전개되어
사람들을 압도했던 것이다
일기예보를 주업인 농사에
활용할 줄 알게 된 건
마을에 획을 긋는 것이어서
씨앗골은 날마다 윤택해지는 일로
가슴 벅차기도 했던 것이다

저 높다란 선반 위에서
가부좌를 틀고 앉은 근엄한 라디오가
집집이 스피커를 매달아
중앙방송국을 자처했다는 후문이다

까막눈을 가졌으면서도
날마다 달변이 되어 가는 김 氏와
드라마의 주인공을 제 맘대로
죽였다 살렸다 사람들을 농락한
氏의 마누라는 한통속이 아니었을까

사랑의 각도

사랑
그 지독한 쓸쓸함을 필사한다
흐릿한 초점 잃은 동공 속으로
솜사탕처럼 감겨 오는 몸짓
달콤하게 스미는 것들은 불안하다
한 잔의 독주를
타는 목 안으로 털어 넣으며
쓸쓸함을 즐기게 된 배후에는
늘 이별이라는
아찔한 절벽이 놓여 있었다
초록빛 선명해지는 한여름의 혈기
네가 펼쳐 놓은
파도 출렁이는 한 폭의 바다
나는 홀로 나룻배 저어 가
깊고 푸른 바다 한 자락 깔고
네 발 치에 꿇어앉아
너의 펄펄 끓는
심장 소리 엿듣고 싶다
그 얼마나 혹독한 슬픔이었으면
마른 황사처럼 날아들어
해독 불가한 바다의 문장을
펼쳐 놓는 것인지

오늘은 내내
얼룩진 눈물 무늬로 뒤덮이고
휘어진 붉은 낙조의 등 뒤로
우리의 저녁은
또 그렇게 저물어 가고 있다

기차가 3월역에 도착했다

대지가 기지개를 켜고
사계를 순환하는 기차가
3월의 역에 도착했다

손님들은 손을 흔들며
꾸역꾸역 출입구를 빠져나온다
아가씨들은 리본을 꽂거나
무늬도 산뜻한 모자를 썼다
치맛자락이 하늘거릴 때마다
은은한 향기가 퍼져 나갔다

드디어 축제가 시작되었다
탕!
허공으로 축포를 쏘아 올리는 순간
수천수만 개의 꽃등이 밝혀지고
세상은 꽃물결로 출렁거렸다

세상 밖이 궁금한 것들은
지구를 번쩍 들어 올리고
가만히 얼굴을 내밀었다
푸른 머리가 실눈을 뜬 채

푸른 혀

섣달그믐 날이 밝았다
쥐죽은 듯 적막한
베란다 한쪽 구석에서
깊은 잠에 빠졌던
양파 바구니가 들썩였다

양손에 선물꾸러미를 든
귀성객들의 들뜬 발소리에
화들짝 놀란 그녀가
푸른 혓바닥을 빼물었다

고향으로 돌아가 뿌리내리고
자식 낳고 살겠다고
독설을 퍼붓는 중이다
발칙한 음모를 먹고
더북하게 자란 발가락도
대바구니 밖으로
삐죽삐죽 삐져나가고 있다

춘삼월을 기다리지 못하고
당장 탈출을 감행하려는 듯
그녀의 푸른 혀가
잔뜩 독기를 품고 있다

입춘

타협을 외면했던
도도했던 한 시절에
부대끼는 게 싫어
마냥 방치한
빈 房의 자물쇠를 풀고
묵은 먼지를 털어 낸다
말끔히 도배도 끝냈으며
새 주인을 맞이함에
추호도 소홀함이
없도록 배려한다

오랫동안의 은둔으로
내 빈약한 영혼에게도
풍성한 식탁과
화려한 성장(盛裝)으로
윤택한 삶을 부여하고 싶다

화색이 돌게 하고 싶다

4부

바람은 꽃잎을 비질하네
핸드폰
사랑
기억 하나 지운다
무너진 봄날
덕정 장날
부녀회장 임부산
너를 사랑하고 나는 울었다
망초와 어머니
배후
오월의 스케치
밥 먹자는 말씀이 그리울 때
길 위에서
나는 버진이다

바람은 꽃잎을 비질하네

벚나무가 화사한 조명을 내걸자
천상의 무대가 허공에 펼쳐졌다
하늘하늘 날개 접은 나비처럼
여배우가 등장해 활짝 웃는다
잉잉잉
남자와 여자가 뒤엉키고
화려한 봄날은 완성되었다
대낮의 낯 뜨거운 정사가
점점 정점을 향해 치닫자
객석에서 환호가 터져 나왔다
거리는 인파들로 흥청거렸고
즐거운 비명이 넘쳐 났다

무르익은 몇 날 몇 밤 치의
질펀한 봄날이 막을 내렸다
여배우의 아름답던 의상도
바가지요금이 남긴 상흔도
누더기로 대굴대굴 굴러다녔다

바람이 달려와 비질을 시작했다
바람은 턱이 있는 곳마다
소복소복 꽃잎을 쓸어 모았다

무성한 소문을 잠재운 꽃 무덤이
아직은 온기를 머금어 불그레하다

핸드폰

없다
가슴이 철렁 무너져 내렸다
달걀도 한 바구니에
담는 게 아니라는데
모든 정보가 담겨 있는
손안의 정부政府가 사라졌다

일상이 마비된다는 절망감에
검은 그림자가 다가왔다
눈을 가리고 귀를 막았다
몸을 결박하고
재갈을 물리고 수갑을 채웠다

답답하다가 불안하다가
아득해졌다 그리고
한 줄기 빛처럼
은희가 현관을 두드렸다
조수석에 앉아 있는
손안의 내 정부政府를 보자
갑자기 무거워져서
달릴 수가 없었다고 했다

멈췄던 나의 정부政府가
다시 가동되었고
은희는 다시 가벼워졌다

사랑

라일락 향기처럼
스며든 사람이

내 가슴에
둥지를 틀었다

그대를 맘속 깊이
가둬 놓고도

매 순간순간
그대가 그립다

기억 하나 지운다

 대추나무가 자잘하고 담백한 꽃을 수없이 매달았다 단산斷産할 때까지 잔잔하게 꽃을 피우던 어머니
 신학기에 떠들썩하게 잠깐 들러 가는 목련이나 세상을 번쩍 들었다 놓고 사라지는 장미는 머물다 간 자리마다 짙은 그늘을 남겼다

 겉보리 타작이 한창일 때 백합은 진한 향기를 마당 가득 채웠다 하얗게 분칠하고 향수 냄새 풀풀 날리며 낭창낭창 당숙을 따라온 첩실 같았다 그녀는 8남매를 낳고 키워 낸 힘겨운 어머니를 미개인이라고 방자하게도 입속의 칼날을 휘둘렀다

 해마다 백합이 향기를 뿜을 때면 칼날에 베여 철철 피 흘리던 어린 날의 상처가 도지곤 했다. 짐승 새끼가 된 듯 모멸감으로 화끈했던 아물지 못한 기억을 오늘 대추꽃을 보며 말끔히 지웠다

무너진 봄날

그리운 이름
불러 본 시절 아득하다
모든 봄날은
황망히 저물었으므로
오랜 적요를 빠져나온 목련이
잠깐 꽃으로 살다 서둘러 떠났다
있는 듯 없는 듯 방치했다가
꽃 한 철
문장으로 읽는 것이나
잡념이나 키우면서
잡초를 솎는 일도
기실 못마땅한 듯 바람이 불었다
유월이 옷고름을 풀자
끝내 용서는 가당치도 않아
우수수 몸 비늘 털어 내는
불두화의 생은
어쩌면 절규인지도 몰라
하릴없이 잡초나 솎고 있는
죄스러운 손길을 거두지 못한다
아직은 그리운 이름으로
살고 싶다는 어설픈 몸짓이므로

덕정 장날

  덕정역 맞은 편 재래시장은 오 일마다 한바탕 북새통이다

  한 동이의 인파를 와르르 쏟아 내고 동두천으로 떠났던 1호선 열차가 우르르 몰려드는 인파를 들이켠 채 유유히 서울로 떠났다

  늘 처진 파를 다듬는 채소 가게 여자는 파김치를 담가 본전을 챙길 요량이고 꽃게 몇 박스가 쌓인 어물전 김 씨는 손님들의 저녁상에 게 요리를 올리고 싶다 천냥 백화점 옆 은혜세탁소는 외모 지상주의 시대에 걸맞게 성형술이 빼어나 위풍도 당당하다 만복정육점 이마에 나붙은 현수막이 장날마다 태극기처럼 펄럭인다

  -허파에 바람 든 분들께 선지와 내장 팝니다-

  싱싱한 꿈들이 꿈틀대는 덕정장場은 명품 가방은 자꾸만 물 건너 왔다면서도 먹거리는 한사코 토종이라고 우기는 실랑이는 없어도 좋았다

부녀회장 임부산

부녀회장 임부산 여사는 부산하다
배추 파종도 하고
유기농 인증서도 받아 걸었다
벌레도 도둑놈 잡듯 잡아내고
허리띠도 둘러 주니 냉큼 웅크려 앉는다

우물처럼 가을이 깊어
임부산 여사는 거사를 감행했다
암팡진 처자의 궁둥이를 붙잡고
정수리에 칼집을 넣어
딱 내려긋는 순간
흥부네 박속처럼
꽉 찬 보석이 광채를 내뿜는다
냅다 염장을 질러 군살을 덜어 내고
지역 특산품으로 양념을 버무렸다
켜켜이 내장을 채워 봉합한 후
명품 김치라 불러 주니
귓구멍이 뚫리는지 꿈틀한다

홈쇼핑 방송의 위력은
왜정 때 순사 같아서
삽시간에 대한민국 식탁을 평정했다

목에 잔뜩 힘이 실린 임부산 여사는
기세도 등등하게 기염을 토하는 중이다
임금님 수라상에 떡하니 올려 앉히고
구들장의 은근하고 뜨거운 맛을 살려
온 세계의 입맛도
그 손안에 꽉 틀어쥘 작정인 것이다

그녀는 오늘도 출반주로 부산하다
부산에서 태어나 다행이라고
폼나게 부산하게 활짝 피는 중이다

너를 사랑하고 나는 울었다

내가 그를 사랑하는 일이
누군가의 가슴을 미어지게 하는 일이라면
나는 분명 죄인입니다
그가 나를 사랑하는 일이
누군가의 마음을 무너지게 하는 일이라면
그도 분명 죄인입니다

그걸 알면서도
서로를 목숨처럼 사랑하는 일이 죄가 된다면
우린 기꺼이 십자가를 짊어지겠습니다
내가 그를 사랑하고 사랑받는 일이
해가 지고 별이 돋는 일처럼 사소한 일이겠으나
우린 이 순간을 위해서 어제가 있었고
또 내일이 존재할 뿐 다른 의미는 없습니다

아, 시월의 마지막 밤이 깊었습니다
낙엽을 날리던 바람마저 잠들어 있는 시간에
나는 호올로
그를 사랑함에 한 치의 소홀함도 없기를
경건하게 기원합니다

창밖엔 가을이 한창입니다

우리 사랑도
어느 땐가는 저렇게 낙엽이 되어
덧없이 흩어져 버릴 것입니다
또 다른 사랑이 태어나듯이
우리 사랑도 저렇게 지고 말 것을 압니다
그걸 알면서도 우린 이 순간을 머물지 못하고
서럽게 서럽게 흘러갑니다

우리가 사랑을 윤택하게 하는 일이
누군가를 야위게 하는 일이라면
우린 어쩔 수 없이
주홍글씨를 달고 살아가겠습니다

망초와 어머니

한 발은 저승에
한 발은 이승에
걸치고 사는 어머니

아직도 자식들
밥은 먹여 보내겠다고
부지런히 싱크대 앞에서
서성이는 어머니

냄비에 생쌀을 담아
고추장 풀어 넣고
달달 볶는 어머니는
흐뭇한 미소가 핀다

개망초꽃 한 무리가
뿌리는 담 밑에 두고
달랑 몸만 건너와
달걀프라이 반숙을
접시마다 담아 놓았다

배후

누가 법원 앞 가로수에
가을이라고 쓴
화려한 현수막을 걸어 놓았다
라면 한 봉지를 손에 든
부스스한 몰골의 사내가
편의점에서 나와 골목을 걸어갔다
슬리퍼를 끌고 가던 사내가
후딱 고개를 돌려 뒤를 보았다
잠시 생각에 젖던 사내는
이내 고개를 바로 세우고 걸어갔다
달걀 한 알 라면에 넣고 싶었거나
해장할 소주 한 병의 미련을
찰나에 단념한 사내의 어깨에
외로움이 얼룩처럼 묻어났다
밤새 술을 마신 사건의 배후에는
첫사랑의 여자를 불러들인
가을이 있었다 사내가
법무사 사무실 문을 밀고 사라졌다
골목은 아무 일도 없었다는 듯
다시 가을이 진행 중이다

오월의 스케치

이른 봄 목련이 다녀가고
복숭아꽃 살구꽃도
무엇에 쫓기듯
엉덩이 붙일 사이도 없이
바람처럼 서둘러 갔다
게으른 대추나무가
봄바람에 꾸벅꾸벅 졸고
마당가 늙은 감나무가
톡톡 감꽃을 떨어 내고 있다
한낮의 고요한 정적이
몰아의 경지로 녹아드는데
담장 위 덩굴장미는
요염한 얼굴을 들고
푸르디푸른 홑치마 바람으로
호객하는 모습이 아찔하다

밥 먹자는 말씀이 그리울 때

밥 먹자는
일상의 말 한마디가
눈물 나게 그리울 때가 있다
주섬주섬 이것저것 차려 내고
밥 한 그릇 수저 한 벌
덩그러니 외로울 때

밥 먹자던
정다운 한마디 말씀이
가슴에 콕 박혀 무너질 때가 있다
자식들 둥지 틀어 나가고
저장 창고에 차곡차곡 기록해 둔
사랑했던 이름 하나
지우고 허전할 때

밥 먹자는
따뜻한 말 한마디가
가슴 저리게 뭉클할 때가 있다
누군가가 다가와
어깨에 손을 얹고
이제 그만 밥 먹자고 말해 준다면
그동안 고였던 울음이
왈칵 쏟아질 것만 같다

길 위에서

신기루를 좇아 길을 나섰다가
방향을 잃고 말았다
목적지는 아득하여
어디쯤인지 가늠할 수 없다
걸어온 길을 더듬어 보는데
찍고 온 발자국조차 이미
날리는 눈발에 지워지고 있다
길을 잃고 헤매는 삶은
눈동자가 불안하게 흔들렸으며
옮기는 걸음마다 비틀거렸다
낯선 거리에서
출구 없는 울타리에 감금된 채
기억 창구에 써 넣은
따뜻한 이름표를 떠올려 봐도
오늘은 싸늘한 타인들이다
진눈깨비가 쏟아져 내리는
어스름한 초저녁 겨울
환한 교회의 종탑을
두려운 눈빛으로 올려다보며
길을 잃은 채 서성이고 있다

나는 버진이다

배나무가
수만 개의 꽃등을 허공에 걸었다
순간 두 눈 휘둥그레진
벌 나비 떼들 후다닥 날아갔다
흐르는 물줄기를 거꾸로 돌려놓아
개미 한 마리 얼씬하지 않는
이 거룩한 성지에
손 탄 적 없는 순결이 애잔하다
꿈에 본 귀인이라도 올 것만 같아
호기심 담뿍 담은 커다란 눈망울이
사위를 두리번거리고 있다
애당초 사내의 근접은 요원했는지
차디찬 수술대 위에 누워
생면부지 남자의 씨받이가 된다
꽃이라는 이름을 지우고 난 후
그림자는 더 깊고 어둡다
아비 없는 아이를 배고도
그래도 나는 버진이라고
조용히 입속으로 되뇌어 보는
무너져 내리는 봄날

■ 해설 - 임영희 시집 『웅덩이 속 미술관』

母性的 스케치로 완성한
세상이라는 웅덩이 속 眞境

최한나 시인

1.

꽃 한 송이 과일 한 알의 향기가 소중한 것은 완숙의 경지까지 걸어왔을 그 궤적을 유추할 수 있기 때문이다. 한 사람의 인생살이 역시 별반 다르지 않다. 그것을 쉽사리 비평하거나 평가할 내력의 것이 아닌 것이다. 더구나 삶의 나이테가 늘어 갈수록 자신을 돌아본다면 그 누구의 삶도 함부로 속단하거나 예단할 수 없다.

천문학자 칼 세이건은 '우리가 시간을 투자하는 곳이 바로 우리의 삶'이라고 했다. 시를 반려로 살아가는 그녀가 새 시집 한 채를 지어 문패를 걸었다. 임영희 시인이 시라는 장르에 얼마나 성실하게 시간을 투자했는지 보여 주고도 남음이다.

문단에는 현학적 이론으로 무장하고 지적 위선과 현시욕 가득한 내면을 가진 인사들이 당당하게 활보한다. 그런 모습에 더러는 비위가 상해서 속이 울렁거리기도 한다. 그러나 그녀는 적어도 본인의 시 앞에서 늘 솔직

담백하고 겸허하다. 독자로 하여금 해독하기에 난해한 문장들을 던지지 않는다. 자연스럽게 매 순간 시인의 감정선을 즉시 따라가며 호흡하게 하는 필법이다.

소설가 공지영은 "글을 쓴다는 것은 생각이라는 훨훨 날아다니는 나비를 잡아 핀으로 고정시키고 상자에 넣는 일이다. 상자 속 박제된 나비에게 다시 숨을 불어넣는 것은 그 글을 읽는 사람들의 숨결 없이는 불가능하다. 그 나비를 다시 살려 낼 생각이 없는 사람에게 내가 어떤 나비를 잡아 넣었다 한들 죽음과도 같은 딱딱한 사체만 만지게 될 거"*라고 말한 적이 있다. 이 말은 어느 위대한 문장을 구사하는 작가보다 읽는 독자의 자세가 얼마나 중요한 것인지를 의미한다.

지구촌 곳곳에 터지는 전쟁의 포화와 팬데믹의 후유증에 지친 여름의 끝자락에서 만난 『웅덩이 속 미술관』이다. 이 시집이 주는 첫인상은 마치 어느 깊은 산속에서 우연히 발견한 진경(眞境)의 이미지였다. 이름 붙이기조차 조심스러운, 키 작고 수수한 꽃들이 모여 사는 숲이 숨겨 둔 그 비경 말이다. 여기 시인의 눈이 포착한 「풍경」 하나 올려 본다.

저 신비한 노을 속으로
천천히 걸어 들어가면

---

* 『할머니는 죽지 않는다』 공지영 저, 해냄출판사

나도 물들어 녹아들 수 있을까
서쪽으로 난 계단을 오르면
힘겹게 山을 넘어가는
신열에 들뜬 늙은 아버지가
임종이 임박한 듯
가쁜 숨을 몰아쉬고 있다

고만고만한 어깨를 맞대고 있는
주택가를 가로질러 가면
언덕 위 미루나무가
까치둥지를 껴안은 채로
석양빛을 휘감고
한 점 화보로 걸려 있었다

눈 쌓인 능선을 따라
뼈대만 앙상한 나무 그림자가
해의 등 뒤로 길게 드러눕는다
퍽퍽한 삶의 애환에 절어
질펀한 눈물이거나
흘러간 인연의 미련 같은 건
도무지 어울리지 않는
강물 같은 시간이 흘러가고
동지섣달의 매운바람이 분다

이루지 못한 사랑 때문에
풍경이 되지 못한 순간들이

삭막한 겨울날의 어둠 속으로
　　쓸쓸히 사라지고 있다

-「풍경」 전문

　어느 한 날 노을의 풍경은 찬란하면서 장엄하기까지 하다. 또한 그 이면을 마주할 때면 허탈하여 회한의 씁쓸함이 몰려오기도 했다.

　모든 생명체에게 누구에게나 공평하게 찾아오는 노을, 즉 황혼의 시기가 있다. 화자 역시 연륜과 생의 내공이 축적된 터라 그려 낼 수 있는 그만의 풍경화이다. 낮고 장엄한 첼로의 음감 같기도 한 노을빛 상념이 폐부에 꽂히는 것이다.

　누구나 나이테가 늘어 갈수록 생의 유한성 앞에서 옷깃을 여밀 수밖에 없다. "저 신비한 노을 속으로/천천히 걸어 들어가면/나도 물들어 녹아들 수 있을까"의 문형 문장이지만 나도 노을빛처럼 마지막 순간까지 아름답고 뜨겁게 타오를 수 있기를 소망하는 염원이다.

　화자는 아버지가 놓고 간 마지막 풍경을 애잔하지만 담담히 진술한다. 일생을 다 소비한 후 노을의 시간 저편으로 사라져 간 아버지의 뒷모습을 회상하면서 망연해지는 것은 단순한 슬픔이나 회한의 감정을 뛰어넘는 고차원적 연민의 정서이다.

　석양을 바라보며 일몰을 관조하는 여인의 눈망울에 비친 습기가 전이되어 온다. 어쩌면 자신도 그 생몰을 체감하는 지점을 통과하는 중이기 때문인지도 모른다.

왜 늘 통회는 때 늦게 찾아오는 것인지 인생의 덕목 중 효성의 애틋함보다 미숙함을 공감하게 만든다. 어쩌면 누구나 가슴속에 걸린 아픈 그림들의 힘으로 살아가는 것인지도 모른다. "이루지 못한 사랑 때문에/풍경이 되지 못한 순간들이/삭막한 겨울날의 어둠 속으로/쓸쓸히 사라지고 있"다고 고백하는 마지막 연이야말로 우리가 손댈 수 없는 불가항력적 철학이요, 공감각적으로 다가오는 화인(火印) 같은 한 장 사진이다.

다음의 시 역시 우주적 인생사의 한 컷이기도 하지만 깊은 울림이 있는 작품이다. 「웅덩이 속 미술관」으로 들어가 보자.

소요산에서 수행 중인
원효대사를 만나러 간다
고즈넉한 숲속 오솔길 아래
졸졸졸 흐르는 계곡물이
낭떠러지를 만나 내리꽂히면
둥글게 웅덩이가 태어났다

다람쥐가 들락날락 목도 축이고
유유히 물고기가 한가롭다
바람도 잠잠한 맑은 날에는
어김없이 푸른 하늘이 내려와
웅덩이 속에 몸을 담그고
태양과 나무와 구름을 불러들여

적당히 어우러져 그림을 완성한다
이따금 관람객들이 다가와
웅덩이 속 그림 위에
제 얼굴을 올려놓고
요리조리 들여다보다가
다시 건져 목에 달고 돌아갔다

느닷없이 바람이 원을 그리면
웅덩이 속 풍경화 한 폭은
산산이 부서져 흩어졌다가
다시 제자리를 찾곤 했다

한 줄기 바람의 등에 업혀 온
법당의 목탁 소리와
웅얼웅얼 경문 읽는 소리가 어우러져
웅덩이 속으로 스며들고 있다

-「웅덩이 속 미술관」 전문

  웅덩이의 사전적 의미는 움푹 파여 괴어 있는 곳으로 늪보다는 훨씬 작은 물구덩이다. 폭우가 지나간 뒤 남기고 간 웅덩이거나 혹은 위 시 속 웅덩이처럼 가늘어진 계곡물이 졸졸졸 모여 고여진 곳을 말하는 것이다. 필자는 어린 시절 뒷동산에 오르다가 송사리도 살고 소금쟁이도 헤엄치며 노닐던 그런 웅덩이를 만나 본 기억이 있다. 손도 담가 보고 물에 비쳐 흔들리는 내 얼굴을 신기하게 들여다보기도 했었다. 그런데 화자가 그린 웅덩이는 태생이 다르다. 수행 중인 원효대사를 만나러 가는 길인 것을 잊어버릴 정도로 빠져들 만한 그런 웅덩이다. '미술관'이라는 대명사에 이미 다 내포하고 있듯이 "바람도 잠잠한 맑은 날에는/어김없이 푸른 하늘이 내려와/웅덩이 속에 몸을 담그고/태양과 나무와 구름을 불러들여/적당히 어우러져 그림을 완성한"다고 진술한 신선한 웅덩이다. 화자가 관찰한 웅덩이 속에는 법당과 태양, 푸른 하늘과 구름과 나무와 그리고 새들이 사는 작은 세상이다. 마치 바람결과 산새 소리마저 들리는 듯한 산속의 작은 미술관이다.

「웅덩이 속 미술관」이라는 그 이름만으로도 설명이 불필요한 시(詩) 자체로 읽힌다. 거기에 목탁 소리와 경문 소리까지 덧입혀서 웅덩이 속 한세상의 그림을 시적 기법으로 완성했다는 점에 눈이 가는 수작(秀作)이다. 시가 상연하는 무대, 이미지 발화의 원점은 잠재되어 있던 주관적 상실감일 수도 있다.

세상의 혼탁함과 메마름에 대한, 혹은 일상의 권태와 삶의 피로도가 쌓여 미처 보지 못하고 살던 비경을 품은 미술관을 시인은 건져 올렸다. 수지맞은 장사를 했으니 원효대사를 만난 것에 비할 수 있으랴!

무심히 고인 물웅덩이로 상징되는 이 세상 현실도 심도 있게 들여다보면 그림 같은 자연의 철학이 숨어 있음이다. 그것을 열망하는 시인이기에 오염되지 않은 풍경을 만났을 때 시각과 청각, 심상이 어우러진 공감각적 시 한 편을 그려 낼 수가 있는 것이다. 그런 의미에서 시인은 서정의 발명자요, 발굴자적인 역할을 해내기도 하는 것이다.

  물의 속성은 언젠가 증발한다는 점이다. 우리의 생도 언젠가 휘발되듯 사라지는 윤회의 한 점일 뿐이다. 하지만 살아 있는 동안 인생이라는 웅덩이는 웅덩이로만 존재하는 가치가 아니다. 편도뿐인 일회성 열차 같은 생! 그 안에 순명(順命)으로 담아 낼 그림 한 장, 무엇을 그려 내느냐에 따라 인생의 점수는 저마다 다르게 도출되어질 것이다.

  임영희 시인의 시적 화법은 앞의 두 작품처럼 심미적 묘사에만 그치지 않는다. 그것을 뛰어넘어 증폭하는 상상력은 마침내 환상 지대로 안내한다. 그 시선이 우리네 사는 세상의 또 다른 한 페이지를 보여 주는 시 「파꽃」이다. 검푸른 파들이 둥근 꽃을 왕관처럼 이고 쭉쭉 하늘을 찌르듯 서 있는 수십 열, 아니 수백 열 횡대, 아니 종대로 이룬 파밭의 광경을 본 적 있는가?

    우주의 중심에는 늘 꽃이 피었고 과년한 딸을 둔 부모들은 안달이 났다

    풀죽은 모습으로 봄꽃을 바라보던 딸들이 오늘은 둥근 보따리를 하나씩 머리에 이고 나와 나도 꽃 핀다고 소리쳤다

주위의 비웃음에도 보란 듯 보따리를 풀어놓자 건장한
사내들이 우르르 몰려들었다

잉잉잉

나른한 봄날 종일 파밭에서 질펀한 신음이 흘러나왔다
- 「**파꽃**」 전문

  파밭에서 파꽃이 한창일 때 '잉잉잉' 날아드는 벌 나비들의 모습은 생존과 욕망의 본질을 보여 주는 단면이기도 하다. 숨 가쁘게 급변하며 첨단을 달리는 이 시대의 뒷면에 숨겨진 문란과 퇴폐이기도 하다.
  화자는 자칫 강렬하게 쏘는 듯 알싸한 파 향과 맛의 고정된 이미지에는 관심을 두지 않은 채 파꽃 만발한 에로틱한 파밭을 보여 준다. 에로틱하면서도 다소 해학적 터치로 그려 내 차별화한 시다. 일반적인 시선으로 본다면 파의 아리면서도 도도한 후각적 맛과 그 뾰족뾰족 하늘을 향해 시퍼렇게 찌르는 이미지는 남성적 리비도(libido)를 연상케 한다. 재밌는 점은 그 끝에 둥근 왕관 같은 꽃이 달려 있다는 것이다. 시인의 눈은 그것을 다시 잡아 여성적 터치로 환원해서 묘사한다. 사실 '파'라는 이 줄기식물 같기도 하고 뿌리식물 같기도 한 야채는 다져지고 우려지는 숙명을 안은 존재다. 게다가 그 파꽃은 아름답기만 한 꽃에 속하진 않는다. 한 시각으로 보면 댕강 잘려져 나가고 종족 번식만을 위한 정력적 역할에 좋은 꽃이기도 하다. '나른한 봄날'에서 연상되는 여성적 리비도가 한판 벌여 놓은 현기증 나는 현장이 바로 파밭이다. 하여 주위의 눈총에도 보란 듯 정열의 보따리를 풀어놓는 위풍당당함, "건장한 사내들이 우르르 몰려들었"다는 표현이 아찔하다.

性의 순결한 가치관이 무너지고 본능에 충실한 쾌락주의가 만연한 이 시대의 단면을 꼬집은 한바탕 풍자다. 또한 우리가 삶의 현장에서 상실한 최소한의 윤리성과 진정한 낭만은 무엇인지 생각해 보게도 한다.

또 하나 임영희 시인의 필법은 다정(多情) 필법이라고 하겠다. 화려한 정원에 앉아 우아하게 음미하는 커피가 아닌 구수한 둥굴레차 같은 맛이다. 살아갈 날들에게 주는 엄마손 같은 유채색 에너지! 이것이 임영희 시의 색깔이기도 하다. 또한 시인의 서정적 노동력이 집중하는 정점은 보다 가까이 존재하면서도 심오하다. 생명이라는 한 개체는 언젠가는 자연으로 회귀하지만 분명한 진리는 생명의 영속성이다. 이 불변의 속성이 지구를 굴리고 온 영원한 에너지이며 그 생명 있음에 고통이 상존할지라도 살아 내야 하는 당위성은 다음 시 「보도블록」에서도 잘 나타나고 있다.

    당신 떠나고 나는 죽었다
    다시는 꽃피지 않으리라
    애당초 싹을 잘라야겠다고

꿈틀거리는 욕망을
보도블록으로 눌러 놓았다

죽은 듯 사는 동안
시간이라는 명약을 갉아먹고
얼어붙었던 심장에
더운 피가 돌기 시작했다
스멀스멀 애벌레가
당신에게 덴 상처를
핥고 기어가는 꿈을 꾸었다

후미진 그늘에서도
따뜻한 손을 뻗어
환하게 꽃피러 가는 길을
펼쳐 놓은 그대여
낡고 균열이 간
보도블록 틈새 길을 버리고
당당하게 꽃피고 싶다

이제 가슴 위 보도블록을
내려놓아도 되겠습니까

- 「보도블록」 전문

  어느 날 한바탕 소나기 퍼부어 대고 개인 오후 보도블록 틈새에 피어난 채송화를 본 적 있다. 어느 곳에서 날아와 이곳에 정착하게 되었을까, 먹먹함이 지나쳐 처연하다.

"다시는 꽃피지 않으리라/애당초 싹을 잘라야겠다고/꿈틀거리는 욕망을/보도블록으로 눌러 놓았"다고 고백하며 사랑을 상실한 영별의 고통에 화자는 다시는 사랑을 피워 내지 않으리라 다짐한다. 하지만 세월이라는 명약을 복용하다 보니 떠난 이가 보낸 선물인 듯 '꽃피러 가는 길'을 발견하게 된다. 보도블록 틈새 길을 버리고 당당하게 피어난 꽃의 향기를 미리 보여 준다. 사랑하는 이 떠나 버리고 홀로 당당히 서려고 몸부림치던 고통이 이미 앞 연에서 그려졌다. 그 떠나감조차 '환하게 꽃피러 가는 길'을 펼쳐 놓았다고 긍정해 주는 마지막 연이 시적 결론이다. 긍정의 힘이야말로 진정한 도전의 에너지가 아닌가. "보도블록 틈새 길을 버리고/당당하게 꽃피고 싶"다는 다짐에 도달하게 되었다는 것은 화자가 앓아 내야 했던 신열의 시간들이 결코 무위한 것이 아니었음을 증명하고 있다.

다음의 시 「대추꽃 피우는 사람」은 첫 행부터 누선(淚線)을 건드린다. 그 축축함을 따라가다 보면 이내 임영희 시인만의 개성이기도 한 능청스러우면서도 나직나직한 시어들에 이내 다시 따스해진다.

    봄 되면
    그때까지 살 수 있다면
    마당가에
    대추나무 한 그루 심겠다더니

날씨 한번 환장하게 찬란한 봄날
하느님은 대추씨만 한
소망도 외면한 채
가여운 그 사람 영안실에 가두고
질펀하게 신명 나는 굿판을 벌였네

병들고 묵은 生을 거둔 자리에
새 生을 심는 일
아무도 거역할 수 없었네
져 버린 산 벚꽃 흩날리던 날
공원묘지 房 한 칸에
문패를 달아 주었네
다 그만그만해서 다행이라고
죽어서나 기죽지 말라고
가만히 일렀네

빈 마당을 볼 때마다 목이 메어서
대추나무 한 그루를 내가 심었네
몸 가시 세우고 단꿈 꾸는 봄날
게으름도 유분수지 요지부동 잠잠
조바심을 한동안 하고 나서야
싹이 돋고 무성하게 꽃을 피웠네

아, 당신 꽃 피웠나요?

-「대추꽃 피우는 사람」 전문

"부부라는 것은 쇠사슬에 함께 묶인 죄인이다. 때문에 발을 맞추어서 걷지 않으면 안 된다."라는 러시아의 소설가 고리키의 명언을 새삼 반추해 본다. 오늘날에 대입해 볼 때 이것은 쉬운 것 같으나 어렵기도 한 말이다.

한 사람이 태어나서 밀고 밀리며 가는 여정에는 천륜이라는 수레바퀴가 있다. 부부라는 운명 공동체, 이 세상에 영원한 것의 존재가 무엇이던가? 영원히 함께하겠다는 혼인 서약도 생로병사 앞에서는 무력한 것이다. 그러나 사랑한 흔적들은 가문으로 이어지는 생명의 연장선이며 영원의 속성이기에 천륜이라고 해도 무리가 없음이다.

대추나무가 피워 낸 '꽃'으로 상징되는 지아비, 시인은 그리 믿고 싶은 것이다. 아니 그런 시적 윤회의 시각이 하루를 딛고 또 하루를 열고 나아가는 엔진이리라. 얼핏 보면 한 아내의 절절한 망부곡(亡父哭)으로 읽히기도 하다가 인간 저변의 내면에 남아 있는 최소한의 우둔한 애증을 마저 소멸해 버린다. 저변에 흐르는 어머니 같은 마음, 그 모성으로 안아 주고 있는 것은 떠난 이에 대한 못다 한 사랑과 그리움이자 본인에 대한 연민인지도 모른다. 그 지점에만 머물지 않고 대추나무 한 그루 빈 마당에 심는 행위로 발현한다. 그리고 그 마음은 꽃으로 환생했다고 믿고 싶은 미망인의 간절함은 통증을 닮은 진실에 닿아 있다. 지아비를 그리는 그리움을 대추꽃 가지마다 내어 거는 화자의 치성과도 같은 것이다. 이것은 망자에 대한 최대한의 예의를 행함이기도 하지만 함께

울타리 안에서 살아갈 그 나무에 투영되는 남편과 아내의 모습이기도 하다. 대추나무를 바라보면서 비는 기원이 거름이 되어 그 나무를 꽃 피게 하니 그대인 양 반갑고 내 모습인 양 환하다.

어디 오순도순한 시절만 있었던가. 티격태격 아옹다옹 울퉁불퉁한 비포장도로 위를 아내와 남편이라는 두 바퀴가 굴러가는 길이다. 한 바퀴가 힘 잃어 빠져 버리는 기형의 세월도 살아 내야 하는 한 세상인 것을 일깨워 주는 부부학개론으로 읽히기도 한다. 화자가 살아 냈어야 했을 미망의 날들이 미루어져서 가히 아리고 쓰린 맛의 詩다. 어두운 터치가 아닌 짐짓 명랑한 듯한 표현이 신선한 눈물을 안겨 준다. 가문이라는 영원한 이름으로 외바퀴가 되어서라도 굴러가야 하는 숙명이다. 부부란 그러한 것이다. 그래야 하는 것 아니냐고 이 시대에 묻는 커다란 물음표도 동시에 읽히는 것은 나만의 느낌인지 모르겠다. 그것은 대추나무 한 그루가 꽃 피운 내력이자 이유이기도 하리라. "아, 당신 꽃 피웠나요?" 이 마지막 행이 던지는 것은 물음 같지만 그 피안의 세계에서라도 꽃같이 웃으며 살고 있기를 비는 아내의 애틋한 진혼곡이다.

2.

"우리가 노력 없이 얻는 거의 유일한 것은 노년(老年)이다."라고 한 글로리아 피처의 명언이 떠오른다. 그렇다. 노력하지 않아도 모든 이에게 공평하게 찾아오는 노을, 즉 황혼이 있다. 화자로서도 어느 깊이만큼의 연륜과 생의 내공을 탄탄히 쌓아 온 시인이므로 자연인인 한 여인의 시선으로 진솔하게 그리고픈 그만의 풍경이 있었을 터이다. 화자의 영혼에 인화된 아버지의 마지막 모습을 기록한 「염장이의 자세」를 읽어 보자.

> 염장이가 아버지의 두 손을 묶자
> 알았다는 듯 얼른 가슴 위에
> 얌전히 올려놓는 아버지
> 모든 걸 체념한 아버지는
> 눈을 감고 입을 꾹 다물었다
> 밀가루 반죽처럼 고분고분한 아버지
> 　　　　　　　　　　－**「염장이의 자세」1연**

　우리 인생이 남겨 주고 갈 마지막 순간에 취하는 포즈는 절대로 나의 의지와는 거리가 멀다. 몇 개의 태풍이 들어 있고 몇 번의 천둥이 쳤으며 찬란한 태양의 나날들이 얼마나 쌓였다 한들 어떠한 사람도 남기고 갈 마지막 본인의 모습은 스스로 연출할 수 없다. 다만 남은 자들이 만들어 낸 도식화된 사진 한 장 남기고 스러지는 것이 인간이다. 그 서글픈 한계 앞에서의 무력함에 가슴이 아득해지는 것이다.

　아버지를 그리는 마음을 빌어 시인은 묻고 있다. 행간의 질문들, 남은 자들의 삶은 어떠해야 하는지 우리는 어떤 인생의 풍경을 그리며 걸어가고 있는 것인지를. 짧

든 길든 유한성의 운명 앞에서 고분고분할 수밖에 없는 인생들에게 던지는 물음표의 여운이 짙다.

  시는 한 장의 사진 혹은 그림 같은 것이어야 한다고 우리는 배웠다. 이야기를 들려주는 것 같은 시인 임영희 시에 귀를 기울여 보라. 어느 순간 무릎을 치거나 툭툭 터지는 웃음이거나 눈물, 그 건드리는 지점도 자주 접하게 될 수 있을 것이다. 무릇 시인의 책무 중 하나가 위로하는 역할이며, 또한 휴머니즘에 기반한 정서적 교사 역할이라고 한다. 다음의 시를 살펴보자.

    아버지 창틀이 틀어졌어요
    틀어진 틈새로
    창밖 계절의 별미를 음미하는데
    느닷없이 황소바람이 밀고 들어와요

    문풍지를 발라요 아버지
    겨울 밖 세상의 호기심은
    꼭꼭 눌러 둘래요

    틈새라고 방심하는 사이
    적들은 아버지의 중소기업을
    야금야금 밀고 들어와
    삼켜 버릴 거예요
    도둑이 들끓는 세상이니까
    도끼를 믿지 말아요

오래된 창고 어딘가에
틈이 더 벌어졌나 봐요
개미나 드나들던 곳인데
쥐새끼가 겨울 양식을 훔쳐 먹어요
쥐새끼를 넘어 도둑고양이가
종내는 이리 떼가
드나들지도 몰라요 아버지

낡은 것들은 결국 균열이 가고
누수가 차요 아버지

빨간 립스틱을 바르고
살랑살랑 흔드는
여우의 꼬리를 조심하세요 아버지

- 「클레멘타인」 전문

  감상자의 가치관이나 철학에 따라 다양한 해석이 가능한 대표적 장르가 시라는 장르다. 시의 속성은 유행가처럼 휙 불릴 때만 넋두리로 스치고 마는 것과는 차원적으로 다른 맛이기 때문이다. 따라서 위 시가 지향하는 주제와 의도적 중심은 일차원적 수신자인 아버지이기도 하지만 굳이 국한하지 않아도 무방하며 클레멘타인 역시 딸의 입장으로만 제한하고 싶지 않다. 모든 이의 어머니요, 아내요, 딸로도 대치해 본다면 이 시가 확장하는 호소력은 무게감이 크다. 아버지에 대한 그리움과 연민, 그리고 아버지가 살아 내야 했던 시절의 수많은 아비들과 가장으로서 혹은 사회적 일원으로서의 그 애환과 시행착오들을 이해하는 언덕에 올라서서 쓰게 된 편지 형식의 시, 짐짓 아버지에게 하는 이야기인 사부곡으로 와닿는다. 이 점만으로도 시의 기능은 충분할 수 있지만 좀 더 너른 시적 관점에서 감상해 본다. 시인의 모성에서 발현하는 이 어지러운 시대를 향한 외침을 들을 수도 있다. 딸의 위치에서 호소하는 듯하지만 현재 시점 화자의 마음 근간은 잠재적 모성이다. 행간마다 그 아버지에게 속죄하는 효심이 일차적 표현이기도 하다. 이 시대를 살아가는 모든 가장들, 아니 모든 아들과 딸들에게 외치는 친절한 노파심이자 모성적 본능이 써 낸 부탁이자 당부로 읽어 낼 수 있는 것이다. 딸은 어느새 세파를 먹고 당당한 모성의 어른으로 성장하여 그 아버지가 이젠 긍휼해지는 것이다. 거듭 강조하고 당부해도 과하지 않은 것은 오늘의 삭막한 현실에 대한 안타까운 탄식이다.

과거에도 세상이 왜 이리 삭막하냐고 각박하다며 통탄하고 비관하는 시각은 늘 상존해 왔다. 생존 경쟁 약육강식이라는 도식이 인류가 살아온 한 방식이기도 하다. 온갖 술수와 퇴폐와 유혹이 범람하는 세파를 요즘처럼 피부로 느껴 본 적은 없던 것 같다. 여러 나라에서 죽고 죽이는 전쟁과 재난, 롤러코스터 같은 나라 안팎 정치 경제 상황은 또 어떠한가? 죽고 죽이는 전쟁터, 그리고 스스로 스러지는 이 사회의 목숨들은 또 어찌하랴. 인명은 존재만으로 존귀하다. 하지만 삶의 방식은 혹독할 수밖에 없으니 지난한 한 세상을 살아 내다 가신 화자의 아버지가 떠오를 때마다 얼마나 측은하겠는가. "낡은 것들은 결국 균열이 가고/누수가 차요 아버지" 구시대적 고집만 견지하지 말고 진취적인 아버지가 되어 달라고도 부탁하는 모성적 심리의 소망이다. 이것은 어쩌면 세상의 수많은 아버지와 어머니들에게 충고적 성격의 친절한 멘트이기도 한 것 아니겠는가! "빨간 립스틱을 바르고/살랑살랑 흔드는/여우의 꼬리를 조심하세요 아버지" 험한 퇴폐의 파도가 굽이치는 길 위에서 온갖 유혹에 지혜롭게 대처해야 한다는 염려와 당부다. 모성의 눈을 가진 자에게 가장 아프게 마음에 닿는 것이 험난한 세파 앞에서 살아가야 할 자녀이다. 어른이 되고 엄마가 되어 보니 선명하게 보이는 것이 있다면 그 옛날 나의 아버지 어머니가 흘리고 간 수백 톤 눈물이다. 이제는 그분들의 보호자적 위치에서 바라보게 하는 눈이 생겨난 것은 가고 오는 지고한 인생의 이치요 진리인가 싶다. 아버지도 처음이라 그 '아비'라는 길에 미숙했던 것이리라.

> 언제나 당신 앞에 서면
> 부끄러움투성이인 자식을
> 오히려
> 一家를 이루고 사는 게
> 대견스럽다는 아버지
>
> 생살 점점 저미는 설움에
> 배웅을 서두르셔도

돌아서면 가만히
　　뒷덜미를 당기시는 아 아버지
　　　　　　　　　　　　　　－「**아버지의 房**」**부분**

　오늘 시인에게 있어서 그 아버지는 이제 바로 이런 아버지이기도 하다, 시인의 마음속에 존재하는 아버지의 방은 인생을 과감히 정의할 나이에 이르게 하도록 어떤 절대적 가치로 자리한 것이다. 그것은 아버지가 남겨 주신 자식에 대한 사랑과 믿음이 삶에서 발현되기도 하기 때문이다. "一家를 이루고 사는 게/대견스럽다는 아버지" 그리고 "돌아서면 가만히/뒷덜미를 당기시는 아 아버지" 아버지는 그런 존재로 늘 화자의 일상에 정신적 바로미터가 되어 있다. 아버지는 나의 방이 되어 줄 수 있지만 나는 아버지의 방이 되어 드리지 못한다는 것, 내가 방의 구실을 하게 되기까지 그 아버지는 기다려 주지 못한다는 것이 인생사의 한계이며 그래서 더욱 그리움과 회한으로 밀어 넣는 것이다. 그러한 정서는 어머니를 기리는 다음의 시에서도 나타나고 있다. 하지만 어머니에 대한 애틋함은 아버지를 기리는 심상과 그 색깔이 비슷한 것 같지만 다름을 볼 수 있다.

　　으라차차
　　두엄 옆에서 한 여자가
　　지구를 가뿐하게 들어 올리고
　　두 손의 흙을 탁탁 털어 냅니다

여전히 아랫도리는
땅속에 묻어 둔 채로요

눅신한 봄날
썩은 감자 한 바가지 버려둔 자리에
꽃 한 자리 너끈히 피워 낸 그녀

-「감자」부분

닳고 해져 삐걱이는 관절로
거칠게 현을 뜯어
가랑잎 밟는 소리와
솔바람 소리를 내던 어머니

안개 자욱한 날이면
저기 어디쯤 쭈그려 앉아
불씨를 일굴 것 같은 어머니가
행주 치맛자락으로 눈물 콧물
찍어 내며 훌쩍이고 있다

어머니의 부엌에는
이山 저山 다 잡아먹고도
아가리 딱 벌리고 있는
검은 짐승이 살고 있다

-「불춤」부분

여성으로서 어머니로서의 공감성과 동질감이 혼재된 시 「감자」는 그 어머니의 어머니, 어머니로부터 끝없이 이어져 내려온 끊어지지 않는 영원한 끈이며 아버지에 대한 시와는 사뭇 다른 강인함과 저력의 차원이 생생하다. 저절로 두 주먹을 불끈 쥐게 하는 교훈이다. 여성성이라는 세포 속에는 끊지 못할 강인한 유전자가 칩처럼 내장되어 있다. 바로 모성이라는 무한 분열이 가능한 핵인 것이다. 으라차차 줄기를 잡아당기면 쑥쑥 올라오던 그 암팡진 알감자들이 맘껏 빨아들였을 어미의 젖줄이다. 국가 미래가 불투명할 정도의 이 저출산의 시대에 대비되는 시절 다산하던 어머니들의 고난과 애환을 뛰어넘은 그 불춤 추는 모성들이 길러 낸 위대한 여성 승리의 업적이다. "어머니의 부엌에는/이山 저山 다 잡아먹고도/아가리 딱 벌리고 있는/검은 짐승이 살고 있"다고 서술한 이 결론적 문장은 모성의 영원성과 강인함이 우리를 지켜 온 보이지 않는 원동력임을 내포한다. 아궁이에 불을 지피던 어머니의 부지깽이, 그것은 한갓 나무 막대기가 아니다. 자녀의 삶의 불씨가 희미해지지 않도록 헤집어 주거나 불의 춤을 북돋워 주거나 다독거려 주기도 하는 보이지 않은 수호의 지지대이다. 죽어서도 혼이 되어 지키는 검은 짐승 같은 어머니의 불춤이 있는 한, 당신과 나에겐 소망이 있으리라. 그 어떤 악마의 전쟁도 종식되리라! 절망이란 없는 것이다. 우리 모두의 가슴에 이어지는 현재 진행형의 불꽃, 그것만이 흔들리는 지구를 바로 세울 것이다.

3.

그렇다면 시인 임영희가 추구하는 세계, 그 유토피아적 지점은 어디일까? 그리고 우리는 왜 친밀하고 익숙하던 어느 컷 앞에서 갑자기 눈물이 왈칵 솟기도 하는 것일까? 동시대를 살아가는 한 자연인으로서 흔하게 접하는 풍경이지만 결코 무심할 수 없는 안타까운 외침을 들어 보기로 한다. 언젠가는 그 장면의 주인공이 바로 내가 될 수도 있다는 가설 아닌 현실 앞에 서 있는 나를 확인하게 된다. 시인이 추구하는 세계는 바로 인간애라는 동병상련과 위로의 선한 영역에 있음도 알 수 있을 것이다.

> 유아용 빈 수레가
> 낫 한 자루를
> 무디게 끌고 간다
>
> 허름한 生을
> 모두 소진한 후에야
> 문자를 해독한 여자
>
> 마침내 온몸으로
> 기역자를 썼다
>
> — 「**기역자**」 전문

무대에서 노래하는 가수는 아무리 슬픈 노래를 불러도 눈물을 흘리면 아마추어라는 설이 있다. 독하게 절제된 표현은 마음을 움직이게 하고 관중의 눈물을 자아내게 하기 때문이다. 화자야말로 눈물을 꾹꾹 누른 채 한 노인과 유모차가 있는 사진 한 장을 보여 준다. 몇 줄의 짧은 진술이지만 그 여운은 깊고 맵다.

　한 생을 소진하며 터득한 기역 자다. 온몸으로 문자를 그려 낸 노인의 세파에 시달린 고단한 궤적이 한눈에 보인다. 무딘 낫 한 자루를 끌고 가는 앙상한 빈 수레를 바라보는 시인은 불공평한 세상을 향해 조용한 물음표를 던지고 있다.

　시인이 던지고 있는 메시지의 맥락은 유사하나 분위기가 다른 다음의 시를 살펴보기로 한다.

　　부녀회장 임부산 여사는 부산하다
　　배추 파종도 하고
　　유기농 인증서도 받아 걸었다
　　벌레도 도둑놈 잡듯 잡아내고
　　허리띠도 둘러 주니 냉큼 웅크려 앉는다

　　우물처럼 가을이 깊어
　　임부산 여사는 거사를 감행했다
　　암팡진 처자의 궁둥이를 붙잡고
　　정수리에 칼집을 넣어
　　딱 내려긋는 순간
　　흥부네 박속처럼

꽉 찬 보석이 광채를 내뿜는다
냅다 염장을 질러 군살을 덜어 내고
지역 특산품으로 양념을 버무렸다
켜켜이 내장을 채워 봉합한 후
명품 김치라 불러 주니
귓구멍이 뚫리는지 꿈틀한다

홈쇼핑 방송의 위력은
왜정 때 순사 같아서
삽시간에 대한민국 식탁을 평정했다
목에 잔뜩 힘이 실린 임부산 여사는
기세도 등등하게 기염을 토하는 중이다
임금님 수라상에 떡하니 올려 앉히고
구들장의 은근하고 뜨거운 맛을 살려
온 세계의 입맛도
그 손안에 꽉 틀어쥘 작정인 것이다

그녀는 오늘도 출반주로 부산하다
부산에서 태어나 다행이라고
폼나게 부산하게 활짝 피는 중이다

- 「부녀회장 임부산」 전문

위 시에서는 '이렇게 사는 것이 바로 인생의 참맛이야.'라며 힘주어 강조하는 목소리를 들을 수 있다. 나이 들어 가며 움츠러드는 어깨를 일으켜 세워 주는 명랑한 옆집 언니의 편지 한 장이다. 이 시의 모델이 된 임부산 여사가 누구인지, 화자의 친척이든 이웃이든 이 작품의 심리적 주인공은 누가 뭐래도 시인 자신이다. 그 자신감이 웅변하는 것은 퇴진이 아닌 전진이다. 가끔씩 세상이 염장을 지르면 눙쳐서 다이어트의 기회로 삼기도 하면서…. "임금님 수라상에 떡하니 올려 앉히고/구들장의 은근하고 뜨거운 맛을 살려/온 세계의 입맛도/그 손안에 꽉 틀어쥘 작정인 것이"라는 단호한 확신이 당차다. 임금님 수라상에 오르는 것은 물론 세계의 입맛까지도 평정하리라며 홈쇼핑 방송까지 진출한 임부산 여사에게 "폼나게 부산하게 활짝" 내재된 긍정 회로는 그가 살아 낸 인생 내공의 자존감이리라. '세상은 이렇게 살아가는 것이야!'라고 화자는 일갈하고 싶은 것이다. 그것만이 불공평하고 몰이해하며 불법투성이인 이 시대를 뚫고 나갈 참된 저력이 되는 것이라고 불끈 주먹도 쥐게 하는 맛이다. 이 진한 맛이야말로 임영희 시집의 전반에 흐르는 격려이며 위로의 카타르시스이기도 하다.

4

누구나 살다 보면 입에 물고 차마 다 내뱉지 못한 말들이 있기 마련이다.

화자는 어떤 길을 걸어왔을까? 삶의 궤적 곳곳에 숨은 그림들이 장착되어 있다. 때론 외롭고 시린 날들도 묵묵히 뜨겁게 살아 낼 수 있었던 것은 삶의 현장에서 그이만의 목소리와 시의 세계가 있기에 가능한 일이었을 것이다.

가끔 시를 끄적이다 보면 의문이 들 때가 있다. 도대체 시란 무엇이며 나는 왜 시를 쓰는 것일까? 잠잠히 혹은 심각하게 묵상에 잠길 때가 있다. 시인이라면 누구나 자문해 보는 천형 같은 질문일 것이다. 모름지기 시인이라면 시도 인성처럼 정직해야 한다. 시적 자아는 휴머니즘에서 출발해야 한다는 것은 누구나 잘 아는 이론이다. 하지만 그에 견줄 만큼 중요한 것도 역시 열정과 진정성과 독자에 대한 배려가 아닐까 한다.

임영희 시인은 누구보다 시를 사랑하는 일인이다. 그가 일군 텃밭에서 상추며 풋고추나 가지 등 채소를 따 이웃과 나누기도 한다. 지나가는 바람마저 불러들여 밥 한 그릇 먹이고 싶어 하는 마음의 소유자다. 이런 시인이기에 그만의 색깔로 길러 내는 시의 밭은 기름지고 풍성하다.

나는 이번 시집을 시인만의 시(詩) 이야기로 엮어 낸 '자전적 시화집(詩話集)'이라고 별칭을 달아 주고도 싶다. 세상이 아무리 넓다고 해도 우주 속 웅덩이 하나에 불과하다. 세상이라는 웅덩이에 비친 온갖 풍경 속에서 건져 낸 아름답고 은은한 내력들…. 그리고 친절하게 공감각적으로 들려주는 듯한 자연스럽고 진솔한 풍경이며 삶의 위트와 페이소스가 뭉클한 시(詩)적 설화(說話)들이 모여 이룩한 집이다. 이 『웅덩이 속 미술관』에는 시인이 다 하지 못한 이야기도 남겨져 있으리라. 그 남은 말들은 다음으로 기대하며 이제 나는 이 미술관 관람에 대한 소감을 마치려 한다.

  바라건대 부디 이 시집이 날개를 달고 마음껏 날아오르길 기대한다. 그리하여 어느 임의 가슴에 스며들어 따스한 향수가 되고 위안이 되기를 기원하는 마음이다.

  기꺼이 손잡아 주는 응원과 축복의 박수를 보내며….

2024. 10. 시인 **최한나**